Sammlung
Außerdeutscher Strafgesetzbücher
in deutscher Übersetzung.

Herausgegeben von den Schriftleitungen
der
Zeitschrift für die gesamte Strafrechtswissenschaft
und der
Mitteilungen der Internationalen Kriminalistischen Vereinigung.

XXXI.

Japanisches Militär-Strafgesetzbuch und Japanische Militär-Strafgerichtsordnung

übersetzt von

Rennosuke Fujisawa.

BERLIN 1911.

J. Guttentag, Verlagsbuchhandlung,
G. m. b. H.

Japanisches Militär-Strafgesetzbuch

Vom 9. April 1908

Japanische Militär-Strafgerichtsordnung

Vom 19. Oktober 1898

Übersetzt von

Rennosuke Fujisawa
Berlin-Schöneberg.

BERLIN 1911.

J. Guttentag, Verlagsbuchhandlung,
G. m. b. H.

Vorwort.

Die Anregung zu einer deutschen Übersetzung des japanischen Militärstrafgesetzbuches vom 9. April 1908 ist vom Reichs-Kriegsministerium in Wien ausgegangen, welches mitteilte, daß in seiner legislativen Abteilung der Mangel einer solchen Übersetzung wiederholt fühlbar geworden sei.

Mit dieser Übersetzung eine solche der japanischen Militär-Strafgerichtsordnung vom 19. Oktober 1908 zu verbinden, erschien auch schon deshalb zweckmäßig, weil Herr Fujisawa, ein vorzüglicher Kenner der deutschen Sprache, gerade in Deutschland weilte und sich damit die wohl nicht bald wiederkehrende Gelegenheit bot, die Übersetzung unter Benutzung aller deutscher Hülfsmittel in kürzester Zeit hergestellt und veröffentlicht zu sehen.

Inhaltsverzeichnis.

Japanisches Militär-Strafgesetzbuch.

Japanische Militär-Strafgerichtsordnung.

Japanisches Militär-Strafgesetzbuch

vom 9. April 1908.

(Gesetzblatt Nr. 46.)

I. Teil.

Im Allgemeinen.

§ 1. Dieses Gesetz findet nur auf Militärpersonen Anwendung, die strafbare Handlungen begehen.

§ 2. Das Gesetz findet auch Anwendung bei den nicht zu Militärpersonen gehörenden Leuten, die die in den folgenden Paragraphen aufgeführten Handlungen begehen.

1. §§ 64—67. Auch die versuchte Ausführung ist strafbar.
2. § 74.
3. §§ 79—85.
4. §§ 86—89.
5. §§ 91—93. Die versuchte Ausführung ist bei den §§ 91—92 strafbar.
6. § 95 Abs. 1, § 96, § 97 Abs. 2, § 99.

§ 3. Das Gesetz findet auch Anwendung auf die in den §§ 1 und 2 genannten Personen, die außerhalb des Kaiserreiches strafbare Handlungen begehen.

§ 4. Strafbare Handlungen in einem eroberten Lande werden so betrachtet, als wenn sie innerhalb des Landes verübt worden wären.

Auch Militärpersonen, Kaiserliche Bürger, an einem Kriege teilnehmende Ausländer, Gefangene, die in dem eroberten Lande strafbare Handlungen begehen, unterstehen diesem Gesetz.

§ 5. Die im Ausland befindlichen und zur Truppe gehörenden Militärpersonen oder sonstigen Leute oder im Ausland befindliche Gefangene oder Militärpersonen, die in dem Orte, an dem sich die Truppe befindet, strafbare Handlungen gegen dieses Gesetz oder gegen andere Bestimmungen verüben, fallen unter § 4.

§ 6. In einem Kriege oder bei kriegerischen Übungen verübte Handlungen von Angehörigen des Landheeres gegenüber Angehörigen der Marine werden betrachtet, wie wenn sie an Angehörigen des Landheeres geschehen wären. Der Rang des Marineangehörigen wird auf den entsprechenden Rang der Heerespersonen übertragen.

§ 7. Handlungen in einem gemeinschaftlich mit fremden Heeren oder Marinen unternommenen Kriege oder in kriegerischen Übungen an Angehörigen des fremden Heeres oder der fremden Marine werden so betrachtet, als wenn sie dem japanischen Heere zugefügt worden wären, vorausgesetzt, daß das Gesetz der fremden Truppe die entsprechende Bestimmung enthält.

Der Rang des fremden Heeres- oder Marineangehörigen wird auf den entsprechenden Rang im japanischen Heere übertragen.

§ 8. Militärpersonen sind:

1. Leute, welche dem aktiven Heere oder der Marine angehören, mit Ausnahme derjenigen, die noch nicht in der Kaserne aufgenommen sind und derjenigen, die sich auf Urlaub befinden.

2. Diejenigen Angehörigen der Reserve oder der Landwehr, die einen Befehl zur Einberufung erhalten haben und sich noch in der Heimat befinden.

3. Diejenigen bei der Truppe befindlichen, nicht einberufenen Leute, die denselben Dienst haben wie die aktiven Heeresangehörigen.

4. Abgesehen von den zu 2 und 3 Genannten alle Leute, die militärische Uniform tragen oder irgend einen militärischen Dienst verrichten.

5. Angehörige des Landsturmes, die freiwillig irgendwelche militärische Dienste verrichten.

§ 9. Folgende Personen werden ebenfalls als Heeresangehörige betrachtet:

1. Die dem Militär angehörenden Kadetten und Militärschüler.

2. Angehörige militärischer Anstalten.

3. Angehörige der Marine, die beim Landheere Dienste verrichten.

Würde es nötig werden, eine Ausnahme von dem zu 1 Gesagten zu machen, wird dies durch besondere Verordnung geschehen.

§ 10. Außerdem werden als Heeresangehörige betrachtet die im Range von Offizieren stehenden Beamten, Portepeeunteroffiziere, Marineoffiziere und die im Range von Marineoffizieren stehenden Marinebeamten, Marinefähnriche, Marine-Portepeeunteroffiziere. Als Offiziere werden die Heeresfähnriche betrachtet, die Offizierdienste verrichten.

§ 11. Fähnriche, die sich im Range von Unteroffizieren befinden und noch keine Offizierdienste verrichten, werden als Unteroffiziere betrachtet.

§ 12. Leute, die militärische Dienste verrichten und keinen Offizierrang haben, werden als Soldaten betrachtet. Fähnriche, die sich im Soldatenrang befinden, werden zu den Soldaten gerechnet.

§ 13. Zu den in der Heimat befindlichen Heerespersonen rechnen auch die Leute, die sich nicht im aktiven Dienste befinden oder sich im aktiven Dienst befinden, aber noch nicht die Kaserne bezogen haben, die auf Urlaub befindlichen Soldaten, die außer Dienst befindlichen Offiziere und die außer Dienst befindlichen, im Range von Offizieren stehenden Militärbeamten und die Portepeeunteroffiziere außer Dienst.

§ 14. Unter den Angehörigen militärischer Anstalten versteht man die in diesen Anstalten tätigen Leute, die in dem Range von

Militärbeamten stehenden Personen und die, die durch einen Eid eine militärische Beschäftigung erlangt haben.

Hierbei kommen nicht in Betracht die Personen, die sich in der Reserve oder außer Dienst befinden.

§ 15. Unter Marinepersonen versteht man die im Marine-Strafgesetzbuch unter Marinepersonen aufgeführten Personen und die unter den Begriff der Marinepersonen fallenden Leute.

§ 16. Unter Vorgesetzten versteht man Heeresangehörige, die andere im Range nach niedriger stehenden Leute, und solche, die unmittelbar unter ihrem Kommando stehen, befehlen können.

Auch diejenigen sind Vorgesetzte, die überhaupt dem Range nach höher stehen als andere, auch Gefreite, die denselben Dienst wie die Unteroffiziere versehen.*)

§ 17. Unter Befehlshabern versteht man Militärpersonen, die das Recht haben, Truppen befehligen zu können.

§ 18. Unter einem militärischen Posten versteht man Militärpersonen, die bei einer Feierlichkeit Ehrenbezeigungen erweisen oder solche, die irgend einen militärischen Ort bewachen.

§ 19. Unter einer militärischen Truppe versteht man eine militärische Macht, militärische Behörden und Schulen und sonstige im Kriege getroffenen Einrichtungen.

§ 20. Unter einer Kriegstruppe versteht man folgende Truppen:

1. Eine Truppe, die in Kriegszeiten kriegsmäßig ausgerüstet ist. Ausnahmen bilden die Truppen, die sich nicht auf dem Kriegsschauplatze befinden; ferner die Landwehr und der Landsturm, wenn sie Sanitätsdienste verrichten und der Train, wenn er sich nicht auf dem Kriegsschauplatze befindet.

2. Eine Truppe, die sich auf dem Kriegsschauplatze befindet, auch wenn sie nicht kriegsmäßig ausgerüstet ist.

3. Truppen, die Unruhen oder einen Aufstand niederzuwerfen haben.

§ 21. Die Todesstrafe ist durch Erschießen zu vollstrecken und zwar an dem Orte, den der Präsident des Kriegsgerichts bestimmt.

§ 22. Die Maßregeln, die nötig sind, um einen Aufstand oder Unruhen niederzuwerfen, oder um vor dem Feinde die Disziplin im Heere zu erhalten, werden nicht als strafbare Handlungen betrachtet.

Leute, die solche Maßregeln über das notwendige Maß hinaus anwenden, werden je nach der Lage der Umstände mit geringerer Strafe belegt oder bleiben straffrei.

§ 23. Die Bestimmung im § 22 findet auch Anwendung bei solchen Handlungen, die im Strafgesetzbuch oder in anderen Bestimmungen mit Strafe bedroht sind.

---

*) Die Soldaten zerfallen in Japan in mehrere Klassen, doch ist die höhere Klasse nicht der Vorgesetzte der tiefer stehenden.

§ 24. Verübt ein Heeresangehöriger eine strafbare Handlung an einem Angehörigen der Marine, so ist er nach dem Marinestrafgesetzbuch zu verurteilen, wenn dieses dieselbe Bestimmung und dieselbe Strafe enthält, wie das Militär-Strafgesetzbuch.

II. Teil.

Von den strafbaren Handlungen.

1. Abschnitt.

Aufstand, Unruhen.

§ 25. Wer an einer öffentlichen Zusammenrottung teilnimmt und Kriegswaffen trägt, wird wie folgt bestraft:

1. Der Führer mit dem Tode.

2. Die Haupträdelsführer, die aufreizend auf die Menge einwirken, mit dem Tode oder mit fünfjährigem bis lebenslänglichem Zuchthaus oder Gefängnis; die anderen Teilnehmer mit mindestens dreijährigem Zuchthaus oder Gefängnis.

3. Diejenigen, die sich ohne Bewußtsein des strafbaren Zweckes der Menschenmenge angeschlossen haben, bis zu fünfjährigem Zuchthaus oder Gefängnis.

§ 26. Die Leute, die zum Zwecke eines Aufstandes Leute versammeln und Kriegswerkzeuge, Munition oder sonstige militärische Werkzeuge rauben, werden wie im § 25 bestraft.

§ 27. Die Leute, die folgende Handlungen begehen, werden mit dem Tode bestraft:

1. Die, die Truppen, Festungen, Kriegslager, Kriegswaffen, Kriegsschiffe, Handelsschiffe, militärische Werkzeuge, Munition oder sonstige zu militärischen Zwecken benutzten Plätze, Gebäude und Gegenstände dem Feinde übergeben.

2. Wer im Interesse des Feindes Spionage treibt oder feindlichen Spionen Hilfe leistet.

3. Wer militärische Geheimnisse dem Feinde preisgibt.

4. Wer den Feind gegen die eigenen Truppen anführt oder geographische Kenntnisse dem Feinde mitteilt.

5. Wer den Oberbefehlshaber dringend zur Übergabe auffordert.

6. Wer im Interesse des Feindes feindlichen Gefangenen zur Flucht verhilft.

§ 28. Mit dem Tode wird auch bestraft, wer im Interesse des Feindes folgende Handlungen begeht:

1. Wer Festungen, Kriegslager, Kriegsschiffe, Handelsschiffe, Munition, Kriegswerkzeuge oder sonstige zu militärischen Zwecken benutzten Plätze, Gebäude und Gegenstände zerstört oder unbrauchbar macht.

2. Wer Verkehrswege zu Wasser und zu Lande und Brücken zerstört oder absperrt oder auf sonstige Weise den militärischen Verkehr zu Wasser und zu Lande hindert.

3. Befehlshaber, die mit ihrer Truppe nach einem bestimmten Ort ziehen oder einen bestimmten Ort beschützen sollen und es nicht tun, oder die einen Ort, den sie behaupten sollen, verlassen.

4. Wer Truppen auflöst, Verwirrungen verursacht, Truppen zur Flucht überredet oder Versammlungen der eigenen Truppen verhindert.

5. Wer in Kriegslagern Munition, Verpflegung, Proviant, Kleidung oder in sonstigen notwendigen Dingen Mangel eintreten läßt.

6. Wer einen Befehl, eine Meldung oder eine Nachricht absichtlich falsch überbringt oder in böswilliger Absicht einen Befehl falsch ausspricht.

7. Wer unwahre böswillige Gerüchte entstehen läßt oder wer vor dem Feind Zank oder Lärm verübt.

§ 29. Wer andere als die in den §§ 27 und 28 angeführten Dinge ausführt, die im militärischen Interesse des Feindes liegen oder die dem militärischen Interesse des eigenen Heeres schaden, wird mit dem Tode oder mit fünfjährigem bis zu lebenslänglichem Zuchthaus bestraft.

§ 30. Wer einen Aufstand erregt oder die in den vorigen drei Paragraphen genannten Handlungen anführt, um einen Aufstand zu unterstützen, wird mit dem Tode oder mit dreijährigem bis lebenslänglichem Zuchthaus oder Gefängnis bestraft.

§ 31. Wer die in den §§ 25—30 genannten Handlungen auszuführen versucht, wird bestraft.

§ 32. Wer die in den §§ 25—30 angegebenen Handlungen vorbereitet oder heimlich plant, wird mit zeitigem Zuchthaus oder Gefängnis nicht unter einem Jahre bestraft.

§ 33. Wer die in den §§ 25—26 angegebenen Handlungen vorbereitet oder heimlich plant, aber sich meldet, bevor der Versuch gemacht ist, ist nicht zu bestrafen.

§ 34. Soweit es sich um die Bestimmungen im ersten Abschnitt handelt, wird ein verbündetes Heer in Kriegszeiten dem eigenen Heere gleich geachtet.

2. Abschnitt.

Eigenmächtige Überschreitung des Rechtes.

§ 35. Ein Befehlshaber, der mit dem Auslande grundlos Krieg anfängt, wird mit dem Tode bestraft.

§ 36. Ein Befehlshaber, der die Mitteilung von eingetretenem Frieden oder Waffenstillstand erhalten hat, aber die Kriegstätigkeit grundlos fortsetzt, wird mit dem Tode bestraft.

§ 37. Ein Befehlshaber, der ohne triftigen Grund Truppen nicht anführt oder sie zurückführt, wird mit dem Tode oder mit siebenjährigem bis lebenslänglichem Gefängnis bestraft.

§ 38. Wer ohne Befehl und ohne Grund Krieg führt oder kriegerische Tätigkeit ausübt, wird mit dem Tode oder mit siebenjährigem bis lebenslänglichem Gefängnis bestraft.

§ 39. Wer die in diesen Paragraphen genannten Handlungen auszuführen versucht, wird bestraft.

3. Abschnitt.

Pflichtverletzung.

§ 40. Ein Befehlshaber, der sich oder eine Festung dem Feinde übergibt, ohne zuvor alle notwendigen Maßregeln getroffen zu haben, wird mit dem Tode bestraft.

§ 41. Ein Befehlshaber, der in einer Feldschlacht seine Truppe dem Feinde übergibt, wird, wenn er nicht alle notwendigen Maßregeln zuvor erschöpft hat, mit Gefängnis bis zu 6 Monaten bestraft.

§ 42. Ein Befehlshaber, der vor dem Feinde mit seiner Truppe flieht, ohne zuvor alle notwendigen Maßregeln getroffen zu haben wird mit dem Tode bestraft.

§ 43. Ein Befehlshaber, der den Ort, zu dem er befohlen war, mit seiner Truppe ohne Grund verläßt, oder der sich mit seiner Truppe ohne Grund nicht an diesen Ort begibt, wird wie folgt bestraft:

1. Vor dem Feinde mit dem Tode.
2. In Kriegszeiten, im Felde oder während eines Belagerungszustandes mit mindestens fünfjährigem, zeitlich beschränktem Gefängnis.
3. In sonstigen Fällen mit Gefängnis bis zu drei Jahren.

§ 44. Ein Befehlshaber, der einen Befehl einer Behörde, die das Recht zu diesem Befehle hat, ohne Grund nicht ausführt, wird mit Gefängnis bis zu zwei Jahren bestraft.

§ 45. Verläßt ein Offizier, der sich mit seiner Truppe oder mit einem Teile seiner Truppe auf einem Transportschiffe befindet, allein oder mit seiner Truppe das Schiff angesichts eines feindlichen Schiffes, ohne zuvor alle notwendigen Maßregeln getroffen zu haben, so wird er mit dem Tode oder mit zehnjährigem bis lebenslänglichem Zuchthaus oder Gefängnis bestraft.

§ 46. Wer von einer strafbaren Handlung Untergebener Kenntnis hat, ohne die notwendigen Maßregeln zu ergreifen, um die Ausführung zu verhindern, wird mit Gefängnis bis zu drei Jahren bestraft.

§ 47. Ein Posten, der ohne Grund seinen Posten verläßt, wird wie folgt bestraft:

1. Vor dem Feinde mit dem Tode.

2. Im Felde oder während eines Belagerungszustandes mit Gefängnis bis zu drei Jahren.

3. In sonstigen Fällen mit Gefängnis bis zu einem Jahre.

§ 48. Ein Posten, der schläft, betrunken ist oder sonst seine Pflicht vernachlässigt, wird wie folgt bestraft:

1. Vor dem Feinde mit Gefängnis bis zu fünf Jahren.

2. In sonstigen Fällen mit Gefängnis bis zu einem Jahre.

§ 49. Eine Wache oder Patrouille, die sich nicht zu dem Orte oder zu der Truppe begibt, wohin sie befohlen war, oder diesen Ort oder die Truppe ohne Grund verläßt, wird wie folgt bestraft:

1. Vor dem Feinde mit dem Tode oder mit zehnjährigem bis lebenslänglichem Gefängnis.

2. Im Felde oder während eines Belagerungszustandes mit Gefängnis bis zu zwei Jahren.

3. In sonstigen Fällen mit Gefängnis bis zu einem Jahre.

§ 50. Posten, die ohne Grund und der Vorschrift zuwider ihren Standort wechseln oder sonst gegen die Bestimmungen verstoßen, werden wie folgt bestraft:

1. Vor dem Feinde mit Gefängnis von einem bis zu fünf Jahren.

2. Im Felde oder während eines Belagerungszustandes mit Gefängnis bis zu drei Jahren.

3. In sonstigen Fällen mit Gefängnis bis zu einem Jahr.

§ 51. Gibt eine Patrouille oder geben zur Aufklärung verpflichtete Leute im Kriege, im Felde oder während eines Belagerungszustandes wissentlich falsche Meldung ab, so tritt Zuchthausstrafe bis zu sieben Jahren ein.

Leute, die verpflichtet sind, im Kriege, im Felde oder während eines Belagerungszustandes Befehle, Nachrichten oder Meldungen zu befördern und sie falsch oder ohne Grund nicht abgeben, werden ebenso bestraft.

§ 52. Wer militärische Geheimnisse, Karten und Schriftstücke oder Gegenstände besitzt und im Notfall die notwendigen Maßregeln nicht trifft, um sie dem Feinde vorzuenthalten, wird mit Gefängnis bis zu fünf Jahren bestraft.

§ 53. Wer im Kriege, im Felde oder während eines Belagerungszustandes in Kriegswaffen, Munition, Pulver, Lebensmitteln, Kleidung und sonstigen zum Kriege notwendigen Dingen, zu deren Aufbewahrung oder Transportierung er verpflichtet war, ohne notwendigen Grund Mangel eintreten läßt, wird mit mindestens einjährigem bis zehnjährigem Zuchthaus bestraft.

§ 54. Leute, die gesundheitsschädliche Lebensmittel austeilen, werden mit Zuchthaus von einem bis zu zehn Jahren bestraft. Wird dadurch der Tod jemandes verursacht, so tritt eine mindestens fünfjährige bis lebenslängliche Zuchthausstrafe ein.

§ 55. Wer, um an einem Kriege nicht teilzunehmen oder um sonstigen gefährlichen Dienst zu vermeiden, an sich selbst eine Krankheit verursacht, oder seinen Körper beschädigt oder sonstige andere betrügerische Handlungen verübt, wird wie folgt bestraft:

1. Vor dem Feinde mit mindestens fünfjährigem, zeitlich beschränktem Zuchthaus.

2 In sonstigen Fällen mit Zuchthaus bis zu fünf Jahren.

§ 56. Wer die in den §§ 40, 42, 43, 45, 47, 49, 51, 53 bis 55 genannten Handlungen auszuführen versucht, wird bestraft.

4. Abschnitt.

Widerstand gegen Befehle.

§ 57. Wer dem Befehl seines Vorgesetzten Widerstand leistet oder nicht gehorcht, wird wie folgt bestraft:

1. Vor dem Feinde mit dem Tode oder mit zehnjährigem bis lebenslänglichem Gefängnis.

2. Im Felde oder während eines Belagerungszustandes mit Gefängnis von einem bis zu sieben Jahren.

3. In sonstigen Fällen mit Gefängnis bis zu zwei Jahren.

§ 58. Wenn die im vorigen Paragraphen angeführten Handlungen gemeinschaftlich mit anderen Leuten ausgeführt werden, treten folgende Strafen ein:

1. Vor dem Feinde der Führer mit dem Tode, die anderen Teilnehmer mit dem Tode oder mit lebenslänglichem Gefängnis.

2. Im Felde oder während des Belagerungszustandes der Führer mit fünfjährigem bis lebenslänglichem Gefängnis, die anderen Teilnehmer mit Gefängnis von einem bis zu zehn Jahren.

3. In sonstigen Fällen der Führer mit Gefängnis von drei bis zehn Jahren, die anderen Teilnehmer mit Gefängnis bis zu fünf Jahren.

§ 59. Wer auf den Befehl seiner Vorgesetzten, Zank oder Schlägerei zu beendigen, nicht hört, wird mit Gefängnis bis zu drei Jahren bestraft.

5. Abschnitt.

Gewalttätigkeiten und Drohungen.

§ 60. Wer gegen seinen Vorgesetzten Gewalttätigkeiten oder Drohungen verübt, wird wie folgt bestraft:

1. Vor dem Feinde mit Zuchthaus oder Gefängnis von einem bis zu zehn Jahren.

2. In sonstigen Fällen mit Zuchthaus oder Gefängnis bis zu fünf Jahren.

§ 61. Wer gemeinschaftlich mit anderen die im vorigen Paragraphen angegebenen strafbaren Handlungen ausführt, wird wie folgt bestraft:

1. Vor dem Feinde der Führer mit zehnjährigem bis lebenslänglichem Zuchthaus oder Gefängnis, die anderen Teilnehmer mit mindestens dreijährigem, zeitlich beschränktem Zuchthaus oder Gefängnis.

2. In sonstigen Fällen der Führer mit mindestens fünfjährigem, zeitlich beschränktem Zuchthaus oder Gefängnis, die anderen Teilnehmer mit Zuchthaus oder Gefängnis bis zu zehn Jahren.

§ 62. Wer gegen seinen Vorgesetzten mit Waffen Angriffe oder Drohungen verübt, wird wie folgt bestraft:

1. Vor dem Feinde mit dem Tode oder mit zehnjährigem bis lebenslänglichem Zuchthaus oder Gefängnis.

2. In sonstigen Fällen mit zweijährigem bis lebenslänglichem Zuchthaus oder Gefängnis.

§ 63. Wer gemeinschaftlich mit anderen die im vorigen Paragraphen genannten Handlungen begeht, wird wie folgt bestraft:

1. Vor dem Feinde der Führer mit dem Tode, die anderen Teilnehmer mit dem Tode oder mit lebenslänglichem Zuchthaus oder Gefängnis.

2. In sonstigen Fällen der Führer mit dem Tode oder mit lebenslänglichem Zuchthaus oder Gefängnis; die anderen Teilnehmer mit dem Tode oder mit fünfjährigem bis lebenslänglichem Zuchthaus oder Gefängnis.

§ 64. Wer gegen Posten Gewalttätigkeiten oder Drohungen verübt, wird wie folgt bestraft:

1. Vor dem Feinde mit Zuchthaus oder Gefängnis bis zu sieben Jahren.

2. In sonstigen Fällen mit Zuchthaus oder Gefängnis bis zu vier Jahren.

§ 65. Wer die im vorigen Paragraphen angegebenen Handlungen gemeinschaftlich mit anderen ausführt, wird wie folgt bestraft:

1. Vor dem Feinde der Führer mit mindestens dreijährigem, zeitlich beschränktem Zuchthaus oder Gefängnis, die anderen Teilnehmer mit Zuchthaus oder Gefängnis bis zu zehn Jahren.

2. In sonstigen Fällen der Führer mit Zuchthaus oder Gefängnis von einem bis zu zehn Jahren, die anderen Teilnehmer mit Zuchthaus oder Gefängnis bis zu fünf Jahren.

§ 66. Wer gegen Posten Gewalttätigkeiten oder Drohungen verübt, wird wie folgt bestraft:

1. Vor dem Feinde mit fünfjährigem bis lebenslänglichem Zuchthaus oder Gefängnis.

2. In sonstigen Fällen mit mindestens einjährigem, zeitlich beschränktem Zuchthaus.

§ 67. Wer die im vorigen Paragraphen angegebenen Handlungen gemeinschaftlich mit anderen verübt, wird wie folgt bestraft:

1. Vor dem Feinde der Führer mit dem Tode oder mit lebenslänglichem Zuchthaus oder Gefängnis, die anderen Teilnehmer mit siebenjährigem bis lebenslänglichem Zuchthaus oder Gefängnis;

2. In sonstigen Fällen der Führer mit dem Tode oder mit siebenjährigem bis lebenslänglichem Zuchthaus oder Gefängnis, die anderen Teilnehmer mit zweijährigem bis lebenslänglichem Zuchthaus oder Gefängnis.

§ 68. Wer gegen Militärpersonen, mit Ausnahme der Vorgesetzten und Posten, bei Ausübung ihrer Pflicht Gewalttätigkeiten oder Drohungen verübt, wird mit Zuchthaus oder Gefängnis bis zu vier Jahren bestraft. Wird diese Handlung gemeinschaftlich mit anderen ausgeführt, tritt folgende Strafe ein: Der Führer mit sechs Monaten bis zu sieben Jahren Zuchthaus oder Gefängnis, die anderen Teilnehmer mit Zuchthaus oder Gefängnis bis zu fünf Jahren.

§ 69. Wer gegen Militärpersonen, mit Ausnahme der Vorgesetzten und Posten, bei Ausführung ihrer Pflicht Gewalttätigkeiten oder Drohungen verübt und dabei Waffen gebraucht, wird mit einjährigem bis zehnjährigem Zuchthaus oder Gefängnis bestraft. Wird diese Handlung gemeinschaftlich mit anderen ausgeführt, so werden bestraft: der Führer mit dreijährigem bis lebenslänglichem Zuchthaus oder Gefängnis, die anderen Teilnehmer mit mindestens einjährigem, zeitlich beschränktem Zuchthaus oder Gefängnis.

§ 70. Wer gemeinschaftlich mit anderen Gewalttätigkeiten oder Drohungen verübt, wird wie folgt bestraft:

1. Der Führer mit mindestens dreijährigem, zeitlich beschränktem Zuchthaus oder Gefängnis.

2. Die anderen Rädelsführer oder die Leute, die aufreizend und hetzend wirken, mit einjährigem bis zehnjährigem Zuchthaus oder Gefängnis.

3. Die sonstigen Teilnehmer mit Zuchthaus oder Gefängnis bis zu zwei Jahren.

§ 71. Wer seine Dienstgewalt mißbraucht oder Mißhandlungen verübt, wird mit Zuchthaus oder Gefängnis bis zu drei Jahren bestraft.

§ 72. Wer die in den §§ 60—70 genannten Handlungen versucht, wird bestraft.

6. Abschnitt.

Beleidigung.

§ 73. Wer seinen Vorgesetzten in seiner Anwesenheit beleidigt, wird mit Zuchthaus oder Gefängnis bis zu drei Jahren bestraft. Wer es durch Verbreitung von Schriften, Darstellungen und Bildern, durch öffentliche Reden oder auf sonstige öffentliche Art und Weise tut, wird mit Zuchthaus oder Gefängnis bis zu fünf Jahren bestraft.

§ 74. Wer einen Posten in seiner Anwesenheit beleidigt, wird mit Zuchthaus oder Gefängnis bis zu zwei Jahren bestraft.

7. Abschnitt.

Fahnenflucht.

§ 75. Wer grundlos seinen Dienst verläßt oder sich nicht zu dem Orte begibt, an den er befohlen war, wird wie folgt bestraft:

1. Vor dem Feinde mit dem Tode oder mit fünfjährigem bis lebenslänglichem Zuchthaus oder Gefängnis.
2. Im Kriege, im Felde oder während eines Belagerungszustandes, wenn drei Tage verflossen sind, mit Zuchthaus oder Gefängnis bis zu fünf Jahren.
3. In sonstigen Fällen, wenn sechs Tage verflossen sind, mit Zuchthaus oder Gefängnis bis zu zwei Jahren.

§ 76. Wer gemeinschaftlich mit anderen die im vorigen Paragraphen genannten Handlungen verübt, wird wie folgt bestraft:

1. Vor dem Feinde der Führer mit dem Tode oder mit lebenslänglichem Zuchthaus oder Gefängnis, die anderen Teilnehmer mit dem Tode oder mit siebenjährigem bis lebenslänglichem Zuchthaus oder Gefängnis.
2. Im Kriege, im Felde oder während eines Belagerungszustandes, wenn drei Tage verflossen sind, der Führer mit mindestens fünfjährigem, zeitlich beschränktem Zuchthaus oder Gefängnis, die anderen Teilnehmer mit Zuchthaus oder Gefängnis von sechs Monaten bis zu sieben Jahren.
3. In sonstigen Fällen, wenn sechs Tage verflossen sind, der Führer mit Zuchthaus von einem Jahr bis zu sieben Jahren, die anderen Teilnehmer mit Zuchthaus oder Gefängnis bis zu drei Jahren.

§ 77. Wer zum Feinde übergeht, wird mit dem Tode oder mit lebenslänglichem Zuchthaus oder Gefängnis bestraft.

§ 78. Wer die in den §§ 57,1 76,1, 77 bezeichneten Handlungen versucht, wird bestraft.

8. Abschnitt.

Beschädigung von Kriegsmaterial.

§ 79. Wer militärische Werkstätten, Schiffe oder zum Kriege dienende Gebäude, Eisenbahnen, elektrische Bahnen, Brücken, Kriegsgegenstände enthaltende Magazine zerstört oder verbrennt, wird mit dem Tode oder mit zehnjährigem bis lebenslänglichem Zuchthaus bestraft.

§ 80. Wer Kriegswaffen, Munition, Pulver, Lebensmittel, Kleidung und sonstige, militärischen Zwecken dienende Gegenstände in größeren Mengen zerstört oder verbrennt, wird wie folgt bestraft:

1. Im Kriege, im Felde oder während eines Belagerungszustandes mit dem Tode oder mit lebenslänglichem Zuchthaus.
2. In sonstigen Fällen mit zweijährigem bis lebenslänglichem Zuchthaus.

§ 81. Wer Pulver, Dampfkessel und sonstige Sprengstoffe zerstört und dadurch gleichzeitig die in den §§ 79 und 80 angegebenen Gegenstände vernichtet, wird ebenso bestraft, als wenn er sie verbrannt oder zerstört hätte.

§ 82. Wer die im § 79 angegebenen Gegenstände, Eisenbahnen, elektrischen Bahnen, Kanäle und sonstigen Verkehrsmittel, die im Kriege notwendig sind, zerstört oder unbrauchbar macht, wird mit zweijährigem bis lebenslänglichem Zuchthaus bestraft.

§ 83. Wer Kriegswaffen, Pulver, Lebensmittel, Kleidung, Pferde und sonstige, militärischen Zwecken dienende Gegenstände zerstört oder beschädigt, wird mit Zuchthaus oder Gefängnis bis zu zehn Jahren bestraft.

§ 84. Wer die in den §§ 79—83 angeführten Handlungen versucht, wird bestraft.

§ 85. Alle Handlungen, die sich gegen die in diesem Abschnitte angegebenen, verbündeten Heeren oder Marinen gehörigen Kriegsgegenstände richten, werden wie oben bestraft.

9. Abschnitt.

Raub.

§ 86. Wer im Felde oder in einem Orte, den das Heer eingenommen hat, Güter von Bürgern raubt, wird mit mindestens einjährigem, zeitlich beschränktem Zuchthaus bestraft.

Wer obige Handlungen begeht und Frauen vergewaltigt, wird mit siebenjährigem bis lebenslänglichem Zuchthaus bestraft.

§ 87. Wer auf dem Schlachtfelde Gefallenen oder Verletzten Kleidung oder sonstige Gegenstände raubt, wird mit mindestens einjährigem, zeitlich beschränktem Zuchthaus bestraft.

§ 88. Wer bei Verübung der in den beiden vorigen Paragraphen angegebenen Handlungen Verletzungen verursacht, wird mit siebenjährigem bis lebenslänglichem Zuchthaus bestraft.

Wer dabei den Tod verursacht, wird mit dem Tode oder mit lebenslänglichem Zuchthaus bestraft.

§ 89. Wer die in diesem Abschnitte angegebenen Handlungen versucht, wird bestraft.

10. Abschnitt.

Strafbare Handlungen gegen Gefangene.

§ 90. Wer Gefangene zu bewachen oder zu transportieren hat und sie fliehen läßt, wird mit mindestens dreijährigem, zeitlich beschränktem Zuchthaus bestraft.

§ 91. Wer Gefangenen vorsätzlich zur Flucht verhilft, wird mit Zuchthaus bis zu zehn Jahren bestraft.

Wer Gefangene mit Gegenständen versieht, die ihnen zur Flucht verhelfen können, oder wer sonst auf irgend eine Weise Gefangenen die Flucht erleichtert, wird mit Zuchthaus bis zu sieben Jahren bestraft.

Wer zu dem im letzten Absatz genannten Zwecke Gewalttätigkeiten oder Drohungen verübt, wird mit Zuchthaus von einem bis zu zehn Jahren bestraft.

§ 92. Wer Gefangene mit Gewalt befreit, wird mit mindestens zweijährigem, zeitlich beschränktem Zuchthaus bestraft.

§ 93. Wer geflohene Gefangene verbirgt oder verheimlicht, wird mit Zuchthaus bis zu fünf Jahren bestraft.

§ 94. Wer die in den §§ 90—92 genannten Handlungen auszuführen versucht, wird bestraft.

11. Abschnitt.

Sonstige strafbare Handlungen.

§ 95. Wer eine Postenkette durch betrügerische Tätigkeiten durchbricht oder einem Posten Widerstand leistet, wird wie folgt bestraft:

1. Vor dem Feinde mit Gefängnis von einem bis zu fünf Jahren.
2. Im Felde oder während eines Belagerungszustandes mit Gefängnis bis zu drei Jahren.
3. In sonstigen Fällen mit Gefängnis bis zu einem Jahre.

Wer sonstige vorschriftswidrige Handlungen an Posten verübt, wird ebenso bestraft.

§ 96. Wer in der Heimat einer Einberufung ohne Grund verspätet Folge leistet, wird wie folgt bestraft:

1. Während eines Krieges oder Aufstandes bei Verspätung über 5 Tagen mit Gefängnis bis zu zwei Jahren.
2. In Friedenszeiten bei einer Verspätung über 10 Tagen mit Gefängnis bis zu einem Jahre.

§ 97. Wer sich zwecks Vermeidung militärischer Dienstzeit eine Krankheit zuzieht oder seinen Körper beschädigt, oder sonstige betrügerische Handlungen vornimmt, wird mit Zuchthaus bis zu drei Jahren bestraft.

Wer in der Heimat zwecks Vermeidung einer Einberufung die im vorigen Absatz genannten Handlungen verübt, wird ebenso bestraft.

§ 98. Wer im Kriege, im Felde oder während eines Belagerungszustandes Befehle, Meldungen, Nachrichten vorsätzlich falsch ausspricht, wird mit Zuchthaus bis zu fünf Jahren bestraft.

§ 99. Wer im Kriege oder bei Unruhen falsche Gerüchte entstehen läßt, wird mit Zuchthaus bis zu drei Jahren bestraft.

§ 100. Wer beim Abschießen von Salven oder Signalschüssen scharf oder mit Ziegel- oder anderen Steinen oder Gegenständen schießt, wird mit Gefängnis bis zu zwei Jahren bestraft.

§ 101. Posten oder Wachen, die ohne Grund Schüsse abgeben, werden mit Gefängnis bis zu zwei Jahren bestraft.

§ 102. Wer im Kriege, im Felde oder während eines Belagerungszustandes dem Signale zum schnellen Sammeln ohne Grund nicht gehorcht, wird mit Gefängnis bis zu zwei Jahren bestraft.

§ 103. Wer politische Vorschläge, Anträge oder Bittschriften abfaßt oder Reden hält oder politische Meinungen schriftlich veröffentlicht, wird mit Gefängnis bis zu drei Jahren bestraft.

§ 104. Wer Leute versammelt, um den Gehorsam zu verweigern, wird wie folgt bestraft:

Der Führer mit Gefängnis von sechs Monaten bis zu fünf Jahren, die anderen Teilnehmer mit Gefängnis bis zu zwei Jahren.

Wann das Gesetz in Kraft tritt, wird durch Kaiserliche Verordnung bestimmt werden. Von demselben Tage ab wird das Militär-Strafgesetzbuch von 1881, Gesetzblatt Nr. 69, außer Kraft treten.

Japanische Militär-Strafgerichtsordnung

vom 19. Oktober 1898.

(Gesetzblatt Nr. 2.)

Wir genehmigen hiermit die Reform der Militärstrafgerichtsordnung und lassen sie veröffentlichen.

Die Militärstrafgerichtsordnung tritt mit dem 1. Januar 1898 in Kraft. Sie wird wie folgt erneuert.

Militär-Strafgerichtsordnung.

1. Abschnitt.

Im Allgemeinen.

§ 1. Das Kriegsgericht urteilt über Militärpersonen, die Verbrechen oder Vergehen begehen oder die gegen eine wegen einer Übertretung über sie verhängte Strafe Berufung einlegen.

Private Nebenklagen, die auf einen von einer Militärbehörde oder einer Militärperson erlittenen Schaden Bezug haben, werden vom Kriegsgericht entschieden.

§ 2. Die Verhandlungen des Kriegsgerichts werden geheim abgehalten. Die Verkündigung des Urteils ist für Militärpersonen öffentlich.

§ 3. Unter Militärpersonen versteht man die im Militärstrafgesetzbuch in den §§ 3 und 9 angegebenen Personen. Unter Marinepersonen versteht man die im Marinestrafgesetzbuch in den §§ 50 und 51 angegebenen Personen.

§ 4. Unter Oberbefehlshabern versteht man die Chefs der Armeekorps, die Divisions- und Brigadechefs, letztere soweit ihre Brigaden Kriegsgerichte besitzen und die Befehlshaber von Belagerungsheeren.

§ 5. Unter Verwandten versteht man die im Bürgerlichen Strafgesetzbuch in den §§ 114 und 115 angegebenen Personen.

§ 6. Die in der Bürgerlichen Strafgerichtsordnung enthaltenen §§ 9, 10, 11, 12, 13, 14, 18, 39, 100, 101, 133,3, 146, 156, 261,1 finden auch auf die Militärstrafgerichtsordnung Anwendung.

§ 7. Die auf Urlaub befindlichen Soldaten und die Angehörigen der Reserve und der Landwehr unterstehen der Militärstrafgerichtsordnung nicht. Eine Ausnahme findet dann statt, wenn die Betreffenden einen Befehl zur Einberufung erhalten haben.

§ 8. Der Oberbefehlshaber kann die Prozeßführung im Kriege oder während eines Belagerungszustandes vereinfachen.

2. Abschnitt.

Zusammensetzung der Kriegsgerichte.

§ 9. Jede Division hat ein Kriegsgericht oder mehrere Kriegsgerichte.

Das Oberkriegsgericht befindet sich in Tokio.

Im Kriege hat jedes Armeekorps, jede Division und jede gemischte Brigade ein Kriegsgericht. Dieses gilt auch für den Belagerungszustand.

§ 10. Das Kriegsgericht setzt sich zusammen aus einem Offizier als Gerichtspräsidenten, mehreren Offizieren, mehreren Kriegsgerichtsräten und einem Schreiber.

§ 11. Das Oberkriegsgericht setzt sich wie in der Tabelle 1 angegeben zusammen, die Kriegsgerichte wie in der Tabelle 2 angegeben.

Im Kriege oder während eines Belagerungszustandes können zwei Offiziere fehlen.

Tabelle I.

Angeklagter:	Gerichtspräsident:	Offiziere:
Im Range von Unteroffizieren oder Soldaten im Heere oder in der Marine	1 Stabsoffizier	4 Subalternoffiziere
Im Range eines Leutnants oder Leutnants zur See, eines Heeres- oder Marinebeamten in diesem Range oder eines Heeres- oder Marineportepeeunteroffiziers	1 Stabsoffizier	2 Hauptleute (Rittmeister) oder Oberleutnants 2 Leutnants
Oberleutnant des Heeres oder der Marine oder Heeres- oder Marinebeamte in diesem Range	1 Stabsoffizier	2 Hauptleute (Rittmeister) 2 Oberleutnants
Hauptmann (Rittmeister) oder Kapitänleutnant oder Militärbeamte in diesem Range	1 Oberst oder 1 Oberstleutnant	2 Majore 2 Hauptleute (Rittmeister)
Major oder Korvettenkapitän oder Militärbeamte in diesem Range	1 Oberst	2 Oberstleutnants 2 Majore
Oberstleutnant oder Fregattenkapitän oder Militärbeamte in diesem Range	1 Generalmajor	2 Obersten 2 Oberstleutnants
Oberst oder Kapitän zur See oder Militärbeamte in diesem Range	1 Generalleutnant	2 Generalmajore 2 Obersten
Generalmajor oder Konteradmiral oder Militärbeamte in diesem Range	1 Generalleutnant	2 Generalleutnants 2 Generalmajore
Generalleutnant oder Vizeadmiral oder Militärbeamte in diesem Range	1 General	1 General 3 Generalleutnants
General oder Admiral	1 General	2 Generale 2 Generalleutnants

Tabelle II.

Angeklagter:	Gerichtspräsident:	Offiziere:
Im Range von Unteroffizieren oder Soldaten im Heere oder in der Marine	1 Stabsoffizier	4 Subalternoffiziere
Im Range eines Leutnants oder Leutnants zur See, eines Heeres- oder Marinebeamten in diesem Range oder eines Heeres- oder Marineportepeeunteroffiziers	1 Stabsoffizier	2 Hauptleute (Rittmeister) oder Oberleutnants 2 Leutnants
Oberleutnants des Heeres oder der Marine oder Heeres- oder Marinebeamte in diesem Range	1 Stabsoffizier	2 Hauptleute (Rittmeister) 2 Oberleutnants
Hauptmann (Rittmeister) oder Kapitänleutnant oder Militärbeamte in diesem Range	1 Oberst oder 1 Oberstleutnant	2 Majore 2 Hauptleute (Rittmeister)
Major oder Korvettenkapitän oder Militärbeamte in diesem Range	1 Oberst	2 Oberstleutnants 2 Majore
Oberstleutnant oder Fregattenkapitän oder Militärbeamte in diesem Range	1 Generalmajor	2 Obersten 2 Oberstleutnants
Oberst oder Kapitän zur See oder Militärbeamte in diesem Range	1 Generalleutnant	2 Generalmajore 2 Obersten

§ 12. Ein Angehöriger der Generalität bedarf als Vorsitzender oder Mitglied des Kriegsgerichts der durch den Kriegsminister zu erfolgenden Bestätigung des Kaisers.

Der Kriegsminister ernennt Stabsoffiziere zu Vorsitzenden oder Mitgliedern des Oberkriegsgerichts und Subalternoffiziere zu Mitgliedern.

Zu Vorsitzenden und Mitgliedern der Kriegsgerichte ernennt der betreffende Divisionschef seine Untergebenen, auch wenn eine Brigade ihr eigenes Kriegsgericht besitzt.

In den Fällen, in denen es nötig ist, Militärpersonen als Vorsitzende oder Mitglieder eines Kriegsgerichts zu ernennen, das nicht dem Divisions- oder Brigadechef untergeben ist, muß vom Divisionschef die Genehmigung des Kriegsministers eingeholt werden.

§ 13. Im Kriege oder während eines Belagerungszustandes befiehlt der Oberbefehlshaber die ihm unterstellten Offiziere zu Vorsitzenden oder Mitgliedern eines Kriegsgerichts.

§ 14. Im Kriege oder während eines Belagerungszustandes kann der Oberbefehlshaber einen Offizier ernennen, der ausschließlich Vorsitzender oder Mitglied eines Kriegsgerichts ist. Die ihm untergebenen Unteroffiziere können dabei als Gerichtsschreiber verwandt werden.

Während eines Belagerungszustandes kann der Oberbefehlshaber einen innerhalb des Geltungsbereiches des Belagerungszustandes befindlichen höheren Zivilbeamten zum Mitglied eines Kriegsgerichts und Unterbeamte zu Gerichtsschreibern ernennen.

§ 15. Ein Vorsitzender, ein Gerichtsoffizier oder ein Kriegsgerichtsrat eines Kriegsgerichts darf an einer Verhandlung nicht teilnehmen, wenn es sich um folgende Fälle handelt.

1. Wenn die Beklagten oder die Leute, die Schaden erlitten haben, ihm verwandt sind. Die Ehegatten der Beklagten oder dieser Leute gelten auch als Verwandte.

2. Wenn er der Vormund des Beklagten oder des, der Schaden erlitten hat, ist.

3. Wenn er selbst Kläger ist, Schaden erlitten hat oder wenn er selbst in dem Prozeß Zeuge ist.

§ 16. Der Vorsitzende des Kriegsgerichts, die Gerichtsoffiziere oder die Kriegsgerichtsräte, die dem Gerichte der ersten Instanz angehört haben, dürfen nicht dem Gerichte der zweiten Instanz angehören.

Bei Versäumnisurteilen teilgenommene Richter können auch in der zweiten Instanz mitwirken.

§ 17. In den Fällen, in denen der Abs. 3 des § 12 zutrifft, kann der Kriegsminister ohne Ernennung des Vorsitzenden oder der Mitglieder des Gerichts den Prozeß an das Gericht einer anderen Division oder Brigade verweisen.

3. Abschnitt.

Befugnisse des Kriegsgerichts.

§ 18. Das Divisionsgericht erstreckt sich auf das Gebiet einer Division und das Brigadegericht auf das Gebiet einer Brigade. Angehörige einer Division oder einer Brigade fallen unter das Kriegsgericht ihrer Division oder ihrer Brigade.

§ 19. Verübt eine Militärperson eine strafbare Handlung in dem Gebiete einer anderen Division oder einer anderen Brigade, so kann sie von dem Kriegsgericht der Division oder der Brigade, in deren Bereich sich die Handlung zugetragen hat, verurteilt werden.

§ 20. Das Oberkriegsgericht urteilt über die strafbaren Handlungen der Generalität oder der in diesem Range stehenden Militärbeamten oder über die Berufungen gegen die Entscheidungen der Kriegsgerichte. Berufungen gegen Versäumnisurteile der Kriegsgerichte werden nicht vom Oberkriegsgericht entschieden.

§ 21. Das Kriegsgericht des Armeekorps, der Division oder der gemischten Brigade entscheidet über strafbare Handlungen der Militärpersonen des betreffenden Armeekorps, der Division oder der gemischten Brigade und zwar von den Stabsoffizieren abwärts.

§ 22. Das an einem Belagerungsorte befindliche Kriegsgericht urteilt über alle dort geschehenen strafbaren Handlungen von Militärpersonen vom Stabsoffizier abwärts.

§ 23. Das an einem Belagerungsorte befindliche Kriegsgericht urteilt auch über strafbare Handlungen von Zivilpersonen, die am Kriege teilgenommen haben und über die sonstigen, im Militärstrafgesetzbuch angeführten strafbaren Handlungen.

Die Befugnisse der Kriegsgerichte zu Belagerungszeiten werden durch besondere Bestimmungen geregelt werden.

§ 24. Im Kriege oder während eines Belagerungszustandes urteilt ein Kriegsgericht über sämtliche Fälle ohne Rücksicht auf die Person des Beklagten, wenn es Offiziere enthält, die **nur** das Richteramt ausüben.

Eine Ausnahme hiervon bilden nur diejenigen Personen, die vom Oberkriegsgericht verurteilt werden müssen.

§ 25. Gefangene, die strafbare Handlungen begangen haben, werden vom Kriegsgericht verurteilt.

§ 26. Nach der Militärstrafgerichtsordnung werden auch die Militärpersonen bestraft, die vor ihrer Militärzeit strafbare Handlungen begangen haben, wenn diese während der Militärzeit entdeckt werden.

Personen, die während der Zeit, in der sie dem Militär angehört haben, strafbare Handlungen begangen haben, werden, wenn diese Handlungen erst nach ihrem Ausscheiden aus dem Militär entdeckt werden oder zur Anzeige kommen, von den Zivilgerichten bestraft.

§ 27. Verüben zwei oder mehrere Militärpersonen, die verschiedenen Gerichtsbezirken angehören, strafbare Handlungen, so ist das Gericht des Bezirks zur Verurteilung zuständig, in dem die strafbare Handlung zuerst untersucht worden ist. Das gleiche gilt von denjenigen Militärpersonen, die in strafbare Handlungen verwickelt sind und verschiedenen Gerichtsbezirken angehören.

Verüben Militärpersonen, die vom Oberkriegsgericht und solche, die vom Kriegsgericht zu verurteilen sind, gemeinschaftlich strafbare Handlungen, so ist das Oberkriegsgericht zur Verurteilung zuständig. Das gleiche gilt von denjenigen Militärpersonen, die in solche strafbare Handlungen verwickelt sind.

Verüben Angehörige des Heeres und der Marine gemeinschaftliche strafbare Handlungen, so ist obige Bestimmung sinngemäß anzuwenden. Dasselbe gilt von Militär- und Marinepersonen, die in strafbare Handlungen verwickelt sind.

§ 28. Das Kriegsgericht verhandelt über Übertretungen, die zusammen mit Verbrechen oder Vergehen begangen sind, über strafbare Handlungen, die Verbrechen oder Vergehen unterstützen und über Übertretungen, die als Verbrechen oder Vergehen betrachtet worden sind.

§ 29. Kriegsgerichte, die während eines Krieges oder Belagerungszustandes aufgelöst worden sind, haben die noch nicht erledigten Verhandlungen an die zuständigen Gerichte abzugeben.

4. Abschnitt.

Ermittlungsverfahren.

§ 30. Nach Ermittlung strafbarer Handlungen ist durch ein Ermittlungsverfahren der Sachverhalt zu erforschen.

§ 31. Zu den Behörden, die zur Ausführung einzelner Maßregeln oder zur Vornahme von Ermittlungen verpflichtet sind, gehören erstens die Gendarmerieoffiziere und -unteroffiziere, zweitens die Divisionsadjutanten, drittens die Brigadeadjutanten, viertens die Oberbefehlshaber eines Heeres.

§ 32. Befehlshaber einer Truppe, Bataillonschefs, Gefängnisdirektoren und Führer von militärischen Wachen, die von strafbaren Handlungen Untergebener Kenntnis haben, haben die Untersuchung zu leiten oder an die im vorigen Paragraphen genannten Personen zur Untersuchung abzugeben.

Ein Kriegsgerichtsrat, der bei Ausübung seiner Amtspflicht von einer neuen strafbaren Handlung Kenntnis erhält, hat die nötigen Ermittlungen zu treffen.

§ 33. Wer infolge einer strafbaren Handlung von Militärpersonen Schaden erlitten hat, kann Anzeige erstatten bei den im § 31 genannten Beamten des Ortes, an dem die Tat begangen ist oder bei diesen Beamten des Ortes, in dem der Täter wohnt, bei dem Chef des Truppenteils, dem der Täter angehört, bei dem Bezirkskommandeur, dem Führer einer militärischen Wache, dem Untersuchungsrichter, dem Staatsanwalt oder der Polizei.

§ 34. Wer von einer strafbaren Handlung einer Militärperson Kenntnis hat, kann bei den oben bezeichneten Stellen die Anzeige bewirken.

§ 35. Militärbeamte, die bei Ausübung ihres militärischen Dienstes von einer strafbaren Handlung von Militärpersonen Kenntnis erhalten, müssen bei einer der im § 31 angegebenen Personen die Anzeige bewirken.

§ 36. Wenn die im § 31 genannten Beamten oder die Gendarmerie oder die Polizei von einem eben verübten Verbrechen oder Vergehen Kenntnis hat, muß sie den Täter sofort festnehmen.

§ 37. Wer eine Militärperson bei einem eben verübten Verbrechen oder Vergehen ertappt, kann sie sofort festnehmen.

Die Festgenommenen müssen den im § 31 genannten Beamten, dem Chef des Truppenteils dem der Täter angehört, dem Bezirkskommandeur, dem Gefängnischef, dem Führer einer militärischen Wache, der Polizei, der Gendarmerie oder der Schutzmannschaft übergeben werden.

§ 38. Die Gendarmerie oder Schutzmannschaft, die Militärpersonen auf frischer Tat ertappt und festgenommen hat oder Täter zugewiesen erhält, muss diese Personen den oben bezeichneten Behörden übergeben.

§ 39. Die im § 31 genannten Beamten, die Militärpersonen auf frischer Tat ertappt oder festgenommen haben, oder die Täter zugewiesen erhalten, müssen sie zu Protokoll verhören und die nötigen Maßregeln zur Beweisaufnahme treffen.

Wenn die im § 32 angegebenen Behörden Militärpersonen auf frischer Tat ertappt und festgenommen haben oder Militärpersonen zugewiesen erhalten, können die im vorigen Absatz genannten Maßnahmen treffen oder diese Maßnahmen den im § 31 genannten Beamten überlassen.

§ 40. Wenn die im § 31 oder 32 angegebenen Behörden oder Beamten Militärpersonen auf frischer Tat ertappen und festnehmen, oder die Beweisaufnahme treffen wollen, können sie die Staatsgewalt benutzen.

§ 41. Wenn die im § 31 oder 32 angegebenen Behörden oder Beamten von Verbrechen oder Vergehen von Militär- oder Zivilpersonen Kenntnis erhalten, können sie die in den vorigen Paragraphen angegebenen Maßnahmen treffen.

§ 42. Wenn die Polizei eine Militärperson auf frischer Tat ertappt und festnimmt oder solche Personen zugewiesen erhält, muß sie die vorläufige Beweisaufnahme treffen, die Täter verhören, die nötigen Protokolle aufnehmen und die Personen und die Protokolle usw. den im § 31 genannten Beamten oder dem Chef des Truppenteils, dem der Täter angehört, oder dem Bezirkskommandeur oder dem Gefängnischef oder dem Führer einer militärischen Wache übergeben.

§ 43. Wenn der Untersuchungsrichter oder der Staatsanwalt oder die Polizei von einem Verbrechen oder Vergehen von Militärpersonen Anzeige erhalten hat, muß er sie den im § 31 genannten Beamten oder dem Chef des Truppenteils, dem der Täter angehört oder dem Bezirkskommandeur, oder dem Gefängnischef, oder dem Führer einer militärischen Wache übergeben.

§ 44. Ein Staatsanwalt oder sonst jemand, der eine Militärperson wegen eines Verbrechens oder Vergehens angezeigt hat, kann seinen Antrag zurücknehmen oder den Antrag stellen, daß seine frühere Aussage geändert wird.

§ 45. Wenn die im § 31 oder 32 angegebenen Behörden oder Beamten die Maßnahmen zur Beweisaufnahme getroffen haben, muß folgendes Verfahren eintreten:

1. Wenn die strafbare Handlung als Verbrechen oder Vergehen betrachtet wird, muß dem Oberbefehlshaber des Täters Meldung erstattet werden; wird sie als Übertretung betrachtet, muß die Sache an die zuständige Behörde abgegeben werden.

2. Hat die betreffende Militärperson die strafbare Handlung in einem Gebiete verübt, das nicht zu dem eigenen Gerichtsbezirk gehört, so muß die Sache an die im § 31 angegebenen Beamten des Bezirks abgegeben werden, zu dessen Kriegsgericht die Sache zuständig ist.

Ist der Täter eine Marineperson, so muß die Sache an den Vorsitzenden des Marinekriegsgerichts abgegeben werden.

Ist der Täter eine Zivilperson, so muß die Sache an den Staatsanwalt abgegeben werden, in dessen Ort die Beweisaufnahme getroffen ist.

Sind die Täter Militär- und Zivilpersonen, so muß die Sache dem Oberbefehlshaber gemeldet werden.

3. Sind die Täter vom Oberkriegsgericht zu verurteilen, so muß dem Kriegsminister Meldung erstattet werden.

5. Abschnitt.

Verhör.

§ 46. Wenn der Kriegsminister oder der Oberbefehlshaber die Meldung von einer Anklage erhalten hat, so muß folgendes Verfahren eintreten:

1. Wird die strafbare Handlung als Verbrechen oder Vergehen betrachtet, so muß er den Befehl zum Verhör oder zur Untersuchung geben. Ist ein Verhör nicht erforderlich, dann muß er sogleich den Befehl geben, das Urteil zu verkünden.

2. Hat er den Befehl zum Verhör, zur Untersuchung oder zum Urteil gegeben, dann muß er die Sache dem Kriegsgerichtsrat abgeben.

§ 47. Vor einem Verhöre muß der Kriegsgerichtsrat die Beschuldigten schriftlich vorladen.

Er muß das Verhör an dem Tage beginnen, zu dem die Beteiligten vorgeladen sind.

Der Beschuldigte, der möglichenfalls mit einer Geldstrafe oder einer geringeren Strafe bestraft wird, kann zu dem Termin einen Stellvertreter schicken.

§ 48. Den Beschuldigten, die ein Vorladungsschreiben erhalten haben, aber zu dem Termin nicht erschienen sind, kann der Kriegsgerichtsrat einen Haftbefehl schicken.

§ 49. Gegen Beklagte, die ein Verbrechen begangen haben oder gegen Beklagte, die ein Vergehen oder eine geringere strafbare Handlung begangen haben, und es liegt bei diesen die Gefahr der Verdunkelung oder Flucht vor, oder gegen Beklagte, die eine strafbare Handlung oder eine Drohung versucht haben, und es liegt die Gefahr vor, daß der Versuch ausgeführt wird, muß der Kriegsgerichtsrat sofort einen Haftbefehl erlassen.

§ 50. Die Verhaftung kann auch außerhalb des für die Verhandlung zuständigen Bezirks vorgenommen werden.

§ 51. Wohnt der Beklagte, der ein Vorladungsschreiben erhalten soll oder verhaftet werden soll, weit vom Gericht entfernt, kann der Kriegsgerichtsrat die an dem Orte des Beklagten zuständigen, im § 31 genannten Beamten oder Kriegsgerichtsräte oder Zivilrichter oder die Polizei zu dem Verhöre des Beklagten oder zur Zustellung des Vorladungsschreibens oder zur Verhaftung des Beklagten beauftragen.

§ 52. Durch einen Haftbefehl verhaftete Beklagte müssen innerhalb 48 Stunden verhört werden. Ist es nötig, den Beklagten noch länger in Haft zu behalten, so müssen ihm die Gründe dafür mitgeteilt werden.

§ 53. Bei Beklagten, die aus Krankheit oder sonstigen Gründen der Vorladung nicht Folge leisten oder aus diesen Gründen nicht verhaftet werden können, kann der Kriegsgerichtsrat ein Verhör an Ort und Stelle abhalten. Bei Beklagten, die aus Krankheit oder sonstigen Gründen der Vorladung nicht Folge leisten oder aus diesen Gründen nicht verhaftet werden können und außerdem vom Gericht entfernt wohnen, kann der Kriegsgerichtsrat die im § 31 genannten Beamten oder Zivilrichter oder die Polizei am Orte des Beklagten zur Erörterung der geltend zu machenden Punkte ersuchen.

§ 54. Ist der Aufenthalt des Beklagten unbekannt, kann der Kriegsgerichtsrat einen Steckbrief an die im § 31 genannten Beamten oder beim Präsidenten der Staatsanwaltschaft erlassen und um die Verhaftung ersuchen.

§ 55. Kommt ein Verbrechen oder ein Vergehen in Betracht, kann der Kriegsgerichtsrat sofort einen Haftbefehl erlassen, der für die Dauer Gültigkeit hat.

Wird nach dem Erlasse dieses Haftbefehls bekannt, daß die strafbare Handlung kein Verbrechen oder Vergehen war, oder daß das Verbrechen oder Vergehen des Beklagten die Verhaftung nicht erforderlich macht oder sonst hinfällig wird, kann der Haftbefehl zurückgenommen werden.

§ 56. Vorläufige oder endgültige Haftbefehle müssen durch Gendarmen zugestellt werden. An Orten, in denen sich keine Gendarmen befinden, muß es durch militärische Wachen oder Posten geschehen.

Befindet sich der Beklagte in Kasernen oder Truppenteilen, muß der vorläufige Haftbefehl durch den Kommandanten der Truppe zugestellt werden. Befindet sich der Beklagte auf einem Kriegsschiffe oder in einer Marinekaserne oder bei einer Marinetruppe, muß die Zustellung des vorläufigen Haftbefehls durch den betreffenden Kommandanten erfolgen.

Hält sich der Beklagte versteckt oder ist er in andere Häuser geflüchtet, als er von Gendarmen oder Militärposten verhaftet werden sollte, so muß der Gemeinde- oder Bezirksvorsteher oder sonstige Teilnehmer an der Haussuchung als Zeugen vernommen und ein Schriftstück darüber ausgefertigt werden. Dieses Schriftstück muß die Unterschrift und das Siegel dieser Leute enthalten*). Ist dazu keine Zeit vorhanden, oder ist dies nicht möglich, so kann darauf verzichtet werden.

§ 57. Der Kriegsgerichtsrat kann bei Haussuchungen die ihm nötig scheinenden Gegenstände zur Klarstellung der Untersuchung beschlagnahmen.

Liegt der betreffende Ort vom Orte der Untersuchung sehr entfernt, so können die im § 31 genannten Beamten, der Kriegsgerichtsrat, der Untersuchungsrichter oder die Polizei um ihre Mithilfe ersucht werden.

§ 58. Zur Klarstellung der Untersuchung kann der Kriegsgerichtsrat unter Angabe der Gründe die Post- und Telegraphenanstalten, die Eisenbahnbehörden oder private Firmen ersuchen, Briefe, Depeschen, Gegenstände usw., die mit der Strafsache in Berührung stehen, einzubehalten oder zu öffnen.

Liegt der betreffende Ort vom Orte der Untersuchung sehr entfernt, so können die im § 31 genannten Beamten, der Kriegsgerichtsrat, der Untersuchungsrichter oder die Polizei um ihre Mithilfe ersucht werden.

§ 59. Der Kriegsgerichtsrat kann Zeugen oder sonstige andere Personen vorladen.

Zeugen, die der Kaiserlichen Familie angehören oder hohe Beamte**) sind, müssen vom Kriegsgerichtsrat da vernommen werden, wo sie sich befinden.

Zeugen, die wegen Krankheit oder wegen sonstiger zwingender Gründe der Vorladung nachweisbar nicht Folge leisten konnten, können vom Kriegsgerichtsrat ebenfalls da verhört werden, wo sie sich befinden.

Zeugen, die vom Orte der Untersuchung sehr entfernt wohnen, können durch die im § 31 genannten Beamten, den Kriegsgerichtsrat, den Untersuchungsrichter oder die Polizei ihres Wohnortes verhört werden.

§ 60. Folgende Leute dürfen keine Zeugen sein, doch kann ihre Aussage zwecks Klärung der Untersuchung gehört werden:

---

*) In Japan besitzt jedermann ein Siegel, mit dem er seine Unterschriften bekräftigt.

**) chokunin.

1. Die in der betreffenden Angelegenheit Schaden erlitten haben.

2. Verwandte der im vorigen Absatz genannten Leute oder Verwandte der Beklagten.

3. Die Vormünder oder die Bevormundeten der Leute, die in der betreffenden Sache Schaden erlitten haben oder die Vormünder oder Bevormundeten der Beklagten.

4. Angestellte der Leute, die in der betreffenden Sache Schaden erlitten haben oder Angestellte der Beklagten.

5. Leute, welche in derselben Sache früher Beklagte gewesen waren und wegen Mangels an Beweisen freigesprochen worden sind.

6. Leute, die infolge eines Verbrechens vom Kriegsgericht bestraft sind oder Leute, die ein Verbrechen begangen haben und gegen die ein Verfahren bei einem Militär- oder Zivilgerichte schwebt, in dem sie voraussichtlich verurteilt werden.

7. Leute, denen die bürgerlichen Ehrenrechte für gewisse oder lebenslängliche Zeit abgesprochen worden sind.

8. Personen unter 16 Jahren.

9. Geistesschwache.

10. Taube, Stumme oder Taubstumme.

§ 61. Bei Verhören der Beklagten oder Zeugen durch einen Kriegsgerichtsrat zur Klärung der Untersuchung oder bei Haussuchungen, in denen Gegenstände beschlagnahmt werden, muß ein Gerichtsschreiber teilnehmen und ein Protokoll über die Aussagen der Beklagten oder Zeugen oder über die Beschlagnahme anfertigen und den Beklagten, Zeugen oder sonstigen Personen zur Kenntnis vorlegen.

Der Kriegsgerichtsrat muß die Beteiligten fragen, ob sie das Protokoll über ihre Aussage anerkennen. Nach Anerkennung des Protokolls erfolgt von den Beteiligten die Unterschrift, die durch das Siegel zu bekräftigen ist.

Kann die Unterschrift und Siegelung nicht erfolgen, ist durch den Gerichtsschreiber der Grund auf dem Protokoll zu vermerken.

Bei eiligen Sachen oder aus sonstigen Gründen kann, wenn ein Gerichtsschreiber nicht anwesend ist, die Hinzuziehung eines Gerichtsschreibers unterbleiben.

§ 62. Der Kriegsgerichtsrat muß zur Klärung der Ausführung oder des Ergebnisses der begangenen strafbaren Handlung nötigenfalls Gutachten von Sachverständigen der betreffenden Wissenschaft oder des betreffenden Berufes einfordern.

Die im § 60 aufgeführten Personen dürfen nicht zur Abgabe von Gutachten aufgefordert werden. Bei eiligen Sachen oder aus sonstigen Gründen kann, wenn ein Gutachten nicht angefertigt werden kann, das Gutachten dieser Personen angehört werden.

Die zur Abgabe eines Gutachtens aufgeforderten Sachverständigen müssen das Gutachten schriftlich abgeben und dabei die Mittel und Wege angeben, die sie zu dem Gutachten geführt haben. Der

Sachverständige muß angeben, wieviel Zeit er auf die Ausführung des Gutachtens verwandt hat. Ebenso ist das Ergebnis des Gutachtens ersichtlich zu machen.

Ist dem Sachverständigen das Ergebnis der Untersuchung unbekannt, so muß er seine Vermutung über das Ergebnis ausdrücken.

Unter jedes Gutachten hat der Sachverständige seine Unterschrift und sein Siegel zu setzen.

§ 63. Der Kriegsgerichtsrat muß die Zeugen, Dolmetscher und Sachverständigen, um eine richtige Aussage zu erhalten, vereidigen. Der Eid wird geleistet, indem die Zeugen, Dolmetscher und Sachverständigen die Angaben des Schriftstücks, das ihnen der Kriegsgerichtsrat vorliest, durch ihre Unterschrift und durch ihr Siegel beschwören.

Kann die Unterschrift oder Siegelung nicht erfolgen, ist durch den Gerichtsschreiber der Grund auf dem Eidesvordruck zu vermerken. Der Eidesvordruck muß dann den Prozeßakten beigefügt werden.

§ 64. Zeugen, Dolmetscher oder Sachverständige, die zur Abgabe einer Aussage oder eines Gutachtens aufgefordert worden sind und dieser Aufforderung nicht Folge leisten konnten, ohne daß sie ihre Krankheit oder sonstige Gründe nachgewiesen haben, muß der Kriegsgerichtsrat mit einer Geldstrafe von 2—10 Yen bestrafen. Tun sie es auch nach nochmaliger Aufforderung nicht, müssen sie vom Kriegsgerichtsrat mit der doppelten Geldstrafe belegt werden. Weisen sie jedoch innerhalb 5 Tagen den Grund ihrer Versäumnis nach, ist die Geldstrafe zurückzunehmen.

In obigen Fällen kann der Kriegsgerichtsrat den säumigen Zeugen oder sonstigen Leuten einen Haftbefehl schicken.

§ 65. Auf Zeugen oder Sachverständige, die einen Eid nicht leisten wollen oder die einen Eid leisten, aber eine Aussage oder ein Gutachten verweigern, finden die §§ 180 und 179 des Bürgerlichen Strafgesetzbuches Anwendung und zwar der § 180 auf Zeugen und der § 179 auf Sachverständige.

Auf Zeugen, die folgenden Berufen angehören und als Angehörige dieser Berufe und infolge des ihnen gewordenen Auftrages ihr Berufsgeheimnis wahren müssen, findet die Bestimmung des § 65 keine Anwendung: auf Arzte, Apotheker, Hebammen, Advokaten, Notare, Priester des Shinto und des Budda.

§ 66. Mit Geldstrafen von 2—20 Yen müssen vom Kriegsgerichtsrat die mit Abgabe von Aussagen oder Gutachten betrauten Leute bestraft werden, die den geforderten Eid nicht leisten oder einen Eid geleistet haben und ihre sonstigen Aussagen verweigern oder die ein gefordertes Gutachten nicht abgeben.

§ 67. Zwecks Klarstellung der Untersuchung oder der Aussagen der Zeugen oder sonstigen Leute oder der Richtigkeit der Gutachten kann der Kriegsgerichtsrat und diese Zeugen und sonstigen Leute den Ort, an dem die strafbare Handlung geschehen ist, oder andere Orte aufsuchen.

Weigern sich die Zeugen oder sonstigen Leute, diese Orte mit dem Kriegsgerichtsrat zusammen aufzusuchen, muß der Kriegsgerichtsrat die im § 64 angegebenen Geldstrafen über sie verhängen.

§ 68. Der Kriegsgerichtsrat muß von Zeugen, Dolmetschern, Sachverständigen oder sonstigen Leuten, die zur Abgabe von Aussagen oder Gutachten verpflichtet gewesen waren, gemäß § 27 des Bürgerlichen Strafgesetzbuchs die über sie verhängten Geldstrafen einziehen oder er kann diese Personen an Stelle der Geldstrafen mit entsprechender Haft bestrafen.

§ 69. Der Kriegsgerichtsrat kann die im § 31 genannten Beamten, die Polizei- oder sonstigen Beamten, die Protokolle oder schriftliche Aussagen über einen Prozeß verfaßt haben, zur Erläuterung vorladen.

§ 70. Entdeckt oder vermutet ein Kriegsgerichtsrat bei einem Verhör noch andere als die zur Verhandlung stehenden strafbaren Handlungen oder entdeckt oder vermutet er, daß auch andere Leute als der Angeklagte an der strafbaren Handlung beteiligt waren, so muß er sofort auch darüber Beweise erheben.

Sind die betreffenden Personen vom Oberkriegsgericht zu verurteilen, so muß er die Sache seinem Oberbefehlshaber melden.

§ 71. Eine Zivilbehörde, die Zivilpersonen verhört hat, die gemeinschaftlich mit Militärpersonen eine strafbare Handlung verübt haben, muß diese Verhandlungen mit den Beweisen an den Staatsanwalt des Ortes abgeben, dessen zuständiges Kriegsgericht zur Verhandlung über die Militärpersonen maßgebend ist.

§ 72. Der Kriegsgerichtsrat kann Beklagte während der Dauer der Untersuchung bei ihren Verwandten, Bekannten usw. wohnen lassen.

§ 73. Ein Kriegsgerichtsrat, der eine Untersuchung beendet oder einen Befehl zur Führung der Untersuchung erhalten hat, hat folgende Maßnahmen zu treffen:

1. Nach beendigter Untersuchung oder nach Empfang des Befehls zur Führung der Verhandlung hat der Kriegsgerichtsrat seine Meinung schriftlich niederzulegen und die gesammelten Akten an den Gerichtspräsidenten abzugeben.

Der Gerichtspräsident bestimmt alsdann den Tag der Verhandlung und benachrichtigt das Gericht hiervon.

2. Bei Prozessen, die nicht zu dem Gerichtsbezirk gehören, oder in denen der Angeklagte voraussichtlich freigesprochen wird, muß der Kriegsgerichtsrat die Sache mit den Akten dahin abgeben, von

wo er den Befehl erhalten hat (Kriegsminister oder Oberbefehlshaber) und seine Meinung zu der Sache äußern. Dasselbe gilt von den vom Richter geführten, auf obige Fälle Bezug nehmenden Untersuchungen.

§ 74. Hält der Kriegsminister oder der Oberbefehlshaber den Beklagten für schuldig (siehe § 73, 2), so muß die Sache zur nochmaligen Verhandlung oder Untersuchung zurückgegeben werden.

6. Abschnitt.

Verhandlung.

§ 75. Das Kriegsgericht setzt sich zusammen aus dem Präsidenten, den aus Offizieren bestehenden Richtern, den Kriegsgerichtsräten und den Gerichtsschreibern. Sind bei einem Kriegsgerichte diese Personen versammelt, hat die Verhandlung zu beginnen.

§ 76. Der Gerichtspräsident kann die Beklagten verhören oder durch die Offizierrichter oder durch die Kriegsgerichtsräte verhören lassen.

Wenn es der Kriegsgerichtsrat für nötig hält, den Beklagten selbst zu verhören oder noch andere Erhebungen zu veranstalten, so muß er die Erlaubnis des Gerichtspräsidenten einholen.

§ 77. Der Gerichtspräsident kann, wenn er es für nötig hält, den an der Verhandlung teilnehmenden oder teilzunehmenden Personen einen Haftbefehl zustellen, der sich bis zur Beendigung der Verhandlung erstreckt.

Der Gerichtspräsident hat Vorkehrungen zur Vermeidung von Gefahren zu treffen, die aus Anlaß einer Gerichtsverhandlung entstehen können.

Wird im Gerichtssaal eine strafbare Handlung verübt, hat der Gerichtspräsident die Beweisaufnahme zu treffen oder von den Offizierrichtern oder Kriegsgerichtsräten treffen zu lassen. Ein darüber ausgefertigtes Protokoll ist der Behörde, von der der Befehl zur Hauptverhandlung ergangen war (Kriegsminister oder Oberbefehlshaber), zu übersenden.

Sind die Leute, die diese strafbare Handlung verübt haben, die Beklagten selber, so ist die strafbare Handlung mit der Anklage zu verbinden.

§ 78. Hält es der Gerichtspräsident für nötig, Zeugen, Dolmetscher, Sachverständige oder andere Leute, diejenigen Beamten, die Protokolle verfaßt haben, in den Gerichtssaal oder nach anderen Orten vorzuladen, so hat er die im 5. Abschnitt angegebenen Maßnahmen zu treffen.

§ 79. Gegen Zeugen, Dolmetscher, Sachverständige oder sonstige Leute, die zur Abgabe eines Gutachtens oder einer Meinungsäußerung beauftragt waren und dieser Aufforderung, ohne durch Krankheit oder andere Gründe behindert zu sein, nicht Folge geleistet haben, müssen unter Berücksichtigung der Ansicht des Kriegsgerichtsrats vom Kriegsgericht sofort folgende Geldstrafen verhängt werden.

1) Wenn es sich um Übertretungen handelt, mit einer Geldstrafe von 50 Sen bis einem Yen 95 Sen.

2) Wenn es sich um Vergehen oder Verbrechen handelt, mit einer Geldstrafe von 2 Yen bis 20 Yen.

§ 80. Der Gerichtspräsident kann Zeugen oder sonstige Leute selbst verhören oder durch die Offizierrichter oder Kriegsgerichtsräte verhören lassen.

Wenn es der Kriegsgerichtsrat für nötig hält, die Zeugen selbst zu verhören oder andere Erhebungen zu veranstalten, so muß er die Erlaubnis des Gerichtspräsidenten einholen.

§ 81. Erscheint es während einer Beweisaufnahme nötig, noch andere Beweisaufnahmen zu treffen, so hat sie der Gerichtspräsident zu treffen oder durch die Offizierrichter oder Kriegsgerichtsräte treffen zu lassen.

Entdeckt oder vermutet der Gerichtspräsident bei der nochmaligen Beweisaufnahme noch andere als die zur Verhandlung stehenden strafbaren Handlungen oder entdeckt oder vermutet er, daß auch andere Leute als die Beklagten an der strafbaren Handlung beteiligt waren, so muß er sofort darüber Beweise erheben oder von den Offizierrichtern oder Kriegsgerichtsräten erheben lassen.

Sind die betreffenden Personen vom Oberkriegsgericht zu verurteilen, so muß der Gerichtspräsident die Sache der Behörde melden, von der er den Befehl zur Verhandlung erhalten hat (Kriegsminister oder Oberbefehlshaber).

§ 82. Ist die Verhandlung gegen den Beklagten beendet, hat der Gerichtspräsident die letzten Erklärungen des Beklagten entgegenzunehmen. Der Beklagte ist alsdann aus dem Saale zu führen, worauf das Gericht in die Urteilsberatung einzutreten hat.

§ 83. In folgenden Fällen sind Versäumnisurteile zu erlassen:

Wenn ein Verbrechen oder Vergehen in Betracht kommt und der Beklagte geflüchtet ist und deshalb nicht an der Verhandlung teilnimmt.

Wenn durch die Flucht der Vorladungsbefehl nicht zugestellt werden konnte.

Wenn der Beklagte, der voraussichtlich zu einer Geldstrafe oder zu niedrigeren Strafen verurteilt wird, auf den Vorladungsbefehl nicht erscheint.

§ 84. Haben mehrere Personen gemeinschaftlich eine strafbare Handlung verübt und erscheint einer der Beklagten oder erscheinen mehrere Beklagte nicht, so können die Erschienenen verurteilt werden.

§ 85. Ein Kriegsgerichtsrat, der in einem Schriftstück ein Gutachten abgegeben hat, muß es auch in der Beratung mündlich vertreten.

Stimmt das Urteil nicht mit seinem Gutachten überein, so kann er sein Gutachten den Akten beifügen.

Erscheint dem Kriegsgerichtsrat das Urteil den gesetzlichen Bestimmungen zuwider, sodaß eine neue Verhandlung nötig wäre, so hat er der Behörde, von der er den Befehl zur Führung der Verhandlung erhalten hat, Anzeige zu erstatten (Kriegsminister oder Oberbefehlshaber).

§ 86. Vor der Verkündung des Urteils hat der Kriegsgerichtsrat darauf zu achten, daß der Präsident, die Offizierrichter und die Gerichtsschreiber ihre Namen und ihre Siegel unter das Urteil setzen, daß das Urteil den Akten dann beigefügt wird und daß der Behörde, von der der Kriegsgerichtsrat den Befehl zur Führung des Prozesses erhalten hat (Kriegsminister oder Oberbefehlshaber), Mitteilung gemacht wird. Bei der Abfassung des Urteils ist folgendes zu beachten:

1. Das Urteil ist zu begründen.

2. Bei Verurteilungen müssen im Urteil die Beweise und die entsprechenden Paragraphen des Gesetzes angeführt werden.

3. Bei Freisprechungen muß gesagt sein, daß der Beklagte gestorben ist oder daß er irrtümlich angeklagt war, oder daß er die strafbare Handlung nicht begangen hat oder daß das Urteil aus Mangel an Beweisen gefällt worden ist.

4. Wird der Beklagte trotz begangener strafbarer Handlungen freigesprochen, so sind die genauen Gründe anzugeben.

5. Wird ein Beklagter von einem nicht zu der Verurteilung zuständigen Gerichte verurteilt, so ist der Grund anzugeben.

6. Dasselbe gilt bei Privatklagen.

7. Im Urteil sind bei der Person des Beklagten anzugeben: Rang und Titel, Truppenteil, Beruf, Vor- und Zuname, Zugehörigkeit zum Bürgertum, zur Ritterschaft oder zum Adel, Geburtsort und -tag, Wohnung, Datum des Urteils.

§ 87. In folgenden Urteilen hat der Oberbefehlshaber dem Kriegsminister unter Vorlage der Akten Meldung zu erstatten:

1. Bei Verhängung der Todesstrafe.

2. Bei Verbrechen oder Vergehen an Stabsoffizieren oder an den in diesem Range Stehenden.

3. Bei Verbrechen an Subalternoffizieren oder an den in diesem Range Stehenden.

In sonstigen Fällen hat der Oberbefehlshaber das Urteil zu veranlassen.

§ 88. Der Kriegsminister hat, wenn er die im vorigen Paragraphen erwähnten Meldungen erhält oder wenn er vom Oberkriegsgericht die Meldungen von Verbrechen oder Vergehen an Angehörigen der Generalität oder an den in diesem Range Stehenden erhält oder in den im vorigen Paragraphen genannten drei Fällen dem Kaiser unter Beifügung eines Gutachtens Meldung zu erstatten.

Hat der Kriegsminister alsdann die Genehmigung zur Verurteilung erhalten, hat er dem Oberkriegsgericht, wenn dieses für die Verurteilung zuständig ist, zu befehlen, daß das Urteil gesprochen wird. Ist ein Kriegsgericht zuständig, muß er dem zuständigen Oberbefehlshaber befehlen, das Urteil zu sprechen.

§ 89. Im Felde oder während eines Belagerungszustandes kann der Oberbefehlshaber sofort den Befehl zum Urteil geben, ohne dem im § 87 angegebenen Verfahren zu folgen.

§ 90. Erkennt der Oberbefehlshaber das Urteil des Kriegsgerichts als ungesetzlich an, muß er die Sache zur nochmaligen Verhandlung an das Kriegsgericht zurückgeben.

Ist das Urteil ungesetzlich und der Oberbefehlshaber nicht zuständig, hat er die Sache unter Angabe der Gründe dem Kriegsminister zu überreichen.

§ 91. Erkennt der Kriegsminister das Urteil des Oberkriegsgerichts als ungesetzlich an oder erhält er die im vorigen Paragraphen Abs. 2 genannten Urteile, so muß er die Sache zur nochmaligen Verhandlung zurückgeben.

§ 92. Hat der Gerichtspräsident den Befehl zum Urteil erhalten, so muß er es in Gegenwart des Beklagten und des Kriegsgerichts verkünden. Auch wenn der Beklagte nicht erschienen ist, muß das Urteil verkündet werden.

In folgenden Fällen muß er ebenfalls das Urteil verkünden:

Wenn der Beklagte mit Gefängnis zu bestrafen, aber nach beendeter Untersuchung geflohen war und zu der Urteilsverkündung nicht erschienen ist,

oder wenn der Beklagte mit einer Geldstrafe oder einer niedrigeren Strafe zu bestrafen und zu der Urteilsverkündung nicht erschienen ist.

§ 93. Ist der Beklagte mit Gefängnis zu bestrafen, aber nach der Urteilsverkündung geflohen oder gehört er zu den im vorigen Paragraphen unter Abs. 2 genannten, mit Gefängnis oder höheren Strafen zu bestrafenden Personen, so hat der Kriegsgerichtsrat einen Steckbrief zu erlassen.

Die Art und Weise der Durchführung des Steckbriefes entspricht der Durchführung des Haftbefehls. Der Kriegsgerichtsrat kann die im § 31 genannten Beamten und den Präsidenten der Oberstaatsanwaltschaft unter Angabe der Beschreibung des unbekannt wohin Geflohenen ersuchen, nach seinem Aufenthalte zu forschen und ihn zu verhaften.

§ 94. Versäumnisurteile sind am Eingange des Kriegsgerichts zu befestigen und den Verurteilten zu übersenden.

7. Abschnitt.

Nochmalige Verhandlung.

§ 95. Eine nochmalige Verhandlung muß eintreten, wenn der Kriegsminister eine vom Kriegsgericht als strafbar betrachtete Handlung nicht als strafbar erkennt oder wenn er feststellt, daß das Kriegsgericht über das zulässige Strafmaß hinausgegangen ist oder wenn er der Ansicht ist, daß das Kriegsgericht den Beklagten irrtümlich freigesprochen hat.

§ 96. Eine nochmalige Verhandlung kann auch auf Antrag des Kriegsgerichtsrates oder des Beklagten oder, falls dieser gestorben sein sollte, seiner Verwandten eintreten, wenn das Urteil des Kriegsgerichts auf folgenden Punkten fußt:

1. Bei Prozessen, die aus Anlaß des Todes jemandes entstanden sind, wenn sich herausstellt, daß der angeblich Getötete noch lebt oder wenn der Beweis erbracht wird, daß der Betreffende schon gestorben war, ehe der Mord geschah.

2. Wenn in einer Strafsache mehrere Urteile ergangen sind.

3. Wenn der Beklagte nachgewiesen hat, daß er sich zur Zeit der Handlung nicht am Orte der strafbaren Handlung befunden hat.

4 Wenn der Beklagte für dieselbe strafbare Handlung zweimal verurteilt worden ist.

5. Wenn sich herausstellt, daß der Beklagte infolge böswilliger, wahrheitswidriger Angaben angeklagt worden war.

6. Wenn bewiesen wird, daß in den Akten Betrügereien oder Irrtümer enthalten sind.

§ 97. Wenn der Kriegsminister die im vorigen Paragraphen angegebenen Tatsachen erkennt, muß er die nochmalige Verhandlung veranlassen.

Der Oberbefehlshaber, der die im vorigen Paragraphen angegebenen Tatsachen entdeckt, muß dem Kriegsminister unter Übersendung der Akten und eines Gutachten Meldung erstatten.

§ 98. Die Personen, die ohne ihr Wissen mit einem auf Gefängnis oder darüber lautendem Versäumnisurteil bestraft sind, können während der Dauer der auf sie gelegten Gefängnis- oder Zuchthausstrafe Berufung einlegen.

Haben sie jedoch Kenntnis von dem Urteil, so können sie, wenn sie ein Verbrechen begangen haben, bis zu 10 Tagen, wenn sie ein Vergehen begangen haben, bis zu 3 Tagen nach freiwillig oder gewaltsam erfolgter Verhaftung Berufung einlegen. Bei Geldstrafen rechnet die Frist bis 3 Tage nach erfolgter Ankunft des Urteils in der Wohnung.

§ 99. Die Berufung ist bei dem Oberbefehlshaber des Kriegsgerichts anzubringen, das das Urteil ausgesprochen hat; ist das Urteil vom Oberkriegsgericht gefällt, so ist die Berufung beim Kriegsminister anzubringen.

Legt der Kriegsgerichtsrat gegen das Urteil Berufung ein, so hat er den Akten eine Abschrift des Urteils beizufügen.

Legt der Beklagte oder legen seine Verwandten gegen das Urteil Berufung ein, so hat es unter Angabe der Gründe bei dem Kriegsgerichtsrat zu geschehen. Dieser versieht die Berufungsschrift mit einer Gegenerklärung und gibt sie weiter.

Erhält der Oberbefehlshaber die Berufung, hat er sie ebenfalls mit einem Gutachten zu versehen und dem Kriegsminister einzureichen. Ist die Berufung dagegen gegen ein Versäumnisurteil gerichtet, hat er sofort eine nochmalige Verhandlung anberaumen zu lassen.

Erhält der Kriegsminister die Berufung, hat er die nochmalige Beweisaufnahme und Verhandlung zu veranlassen.

§ 100. Hat der Kriegsminister den Befehl zur nochmaligen Verhandlung gegeben, ist die Strafvollstreckung aufzuschieben oder aufzuheben.

§ 101. Ist die Entscheidung über die Verhandlung der ersten Instanz dem Kaiser gemeldet worden, so ist auch die Entscheidung über die Berufung dem Kaiser vorzulegen und seine Genehmigung einzuholen.

8. Abschnitt.

Wiedereinsetzung in frühere Rechte.

§ 102. Nach Ablauf der im § 63 des Bürgerlichen Strafgesetzbuchs bestimmten Frist kann der Verurteilte den Kriegsminister ersuchen, ihn in seine früheren Rechte wieder einzusetzen.

Die Bittschrift muß in zwei Ausfertigungen erfolgen und die Unterschrift und das Siegel des Bittstellers tragen. Dann muß sie dem Gemeindevorsteher vorgelegt und nach dessen erfolgter Feststellung der Verhältnisse mit dessen Bescheinigung über die Würdigkeit des Antragstellers versehen werden. Nachdem sie dann dem Regierungspräsidenten übersandt ist und dieser den Antrag begutachtet hat, wird sie dem für den Wohnort des Antragstellers zuständigen Oberbefehlshaber vorgelegt.

Die Bittschrift muß außerdem enthalten:

1. Eine beglaubigte Abschrift des Urteils.
2. Den Nachweis, daß die Strafzeit abgelaufen oder Begnadigung oder Verjährung oder sonstige Einschränkung der Strafzeit eingetreten ist.
3. Wenn vorläufige Entlassung oder wenn vorläufige Befreiung von der Polizeiaufsicht eingetreten ist, den Nachweis.
4. Wenn der Beklagte behauptet, der Schadenersatzpflicht Genüge geleistet zu haben, den Nachweis.
5. Die Angabe der innegehabten Wohnungen und der jetzigen Wohnung sowie die Schilderung der Lebensverhältnisse in den vergangenen Jahren bis zur Zeit des Antrages.

§ 103. Wenn der Oberbefehlshaber die im vorigen Paragraphen benannten Schriftstücke erhalten hat, hat er sie dem Kriegsgerichtsrate weiterzugeben. Dieser prüft den Antrag und fertigt ein Gutachten an. Alsdann gibt er den Antrag dem Oberbefehlshaber zurück; dieser versieht den Antrag ebenfalls mit einem Gutachten und reicht ihn dem Kriegsminister ein.

§ 104. Erhält der Kriegsminister das im vorigen Paragraphen genannte Schriftstück, so hat er es mit einem Gutachten zu versehen und dem Kaiser einzureichen.

§ 105. Wenn der Kriegsminister die Genehmigung des Antrages vom Kaiser erhalten hat, muß er den genehmigten Antrag an den Oberbefehlshaber abgeben. Dieser gibt ihn dem Kriegsgerichtsrat und dieser dem Regierungspräsidenten. Letzterer benachrichtigt alsdann den Antragsteller.

Der Kriegsgerichtsrat behält sich eine Abschrift der kaiserlichen Verfügung zurück und schickt sie an das Kriegsgericht, das den Antragsteller verurteilt hatte. Das Kriegsgericht legt die Abschrift zu den Urteilsakten.

§ 106. Ist der Antrag abgelehnt worden, hat der Kriegsminister die Gründe anzugeben und dem Schriftstück beizufügen. Dann gibt er das Schriftstück dem Oberbefehlshaber weiter, worauf das im vorigen Paragraphen, Absatz 1, beobachtete Verfahren eintritt.

Ist der Antrag abgelehnt worden, kann der Antragsteller frühestens nach Ablauf der halben, im § 63 des Bürgerlichen Strafgesetzbuches angegebenen Frist einen abermaligen Antrag stellen.

9. Abschnitt.

Begnadigung.

§ 107. Ein Antrag auf Begnadigung kann von dem Oberbefehlshaber, dem Kriegsgerichtsrat oder dem Gefängnischef des Gerichtsbezirks gestellt werden, dessen Kriegsgericht das Urteil ausgesprochen hat.

Der Antrag ist unter Angabe der Führung des Verurteilten dem Kriegsminister einzureichen.

Stellt ein Kriegsgerichtsrat einen Begnadigungsantrag, so hat er ihn der Behörde vorzulegen, von der der Befehl zum Urteil ergangen war. Erhält der Oberbefehlshaber diesen Antrag, so hat er ihn mit einem Gutachten zu versehen und dem Kriegsminister einzureichen.

Stellt ein Gefängnischef einen Begnadigungsantrag, so hat er ihn der Behörde vorzulegen, von der der Befehl zum Urteil ergangen war (Kriegsminister oder Oberbefehlshaber). Erhält der Oberbefehlshaber diesen Antrag, so hat er ein Gutachten des Kriegsgerichtsrats einzuholen, ein eigenes Gutachten anzufertigen und den Antrag dem Kriegsminister einzureichen.

§ 108. Erhält der Kriegsminister das im vorigen Paragraphen genannte Schriftstück, hat er ein Gutachten anzufertigen und das Schriftstück dem Kaiser einzureichen.

§ 109. Der Kriegsminister kann jederzeit einen Begnadigungsantrag beim Kaiser einreichen.

§ 110. Abgesehen von der Verhängung der Todesstrafe ist die Vollstreckung eines Urteils nicht aufzuschieben.

§ 111. Hat der Kriegsminister den genehmigten Antrag vom Kaiser zurückerhalten, hat er ihn dem Oberbefehlshaber abzugeben; dieser schickt ihn dem Kriegsgerichtsrat, der den Verurteilten benachrichtigt.

Ist der Verurteilte vom Oberkriegsgericht verurteilt worden, schickt der Oberbefehlshaber den genehmigten Begnadigungsantrag dem Oberkriegsgerichtsrat, der den Verurteilten benachrichtigt.

Ist die Genehmigung des Kaisers erfolgt, muß der Kriegsgerichtsrat oder Oberkriegsgerichtsrat das Urteilsschriftstück durch die kaiserliche Begnadigungsgenehmigung vervollständigen.

No. 18. **Die Norwegische Strafgesetzgebung** vom 22. Mai 1902. 1. Militärstrafgesetz. 2. Gerichtliches Verfahren in Militärstrafsachen. 3. Änderungen im Gesetz über das gerichtliche Verfahren in Strafsachen vom 1. Juli 1887. Übersetzt von Professor Dr. A. Teichmann. 2 M. 50 Pf.

No. 19. **Das Portugiesische Strafgesetzbuch.** Übersetzt von F. Zander. 3 M

No. 20. **Allgemeines bürgerl. Strafgesetz für das Königreich Norwegen** vom 22. Mai 1902. Übersetzt von Dr. Ernst Heinrich Rosenfeld, o. ö. Professor und Andreas Urbye, Staatsanwalt in Tromsö (einzeln nicht mehr erhältlich). 2 M. 50 Pf.

No. 21. **Die Ottomanische Strafprozeßordnung,** veröffentlicht auf Irade vom 5 Redscheb 1296 (25. Juni 1879). Übersetzt von W. Padel, zweitem Dragoman der Kaiserlich Deutschen Botschaft in Konstantinopel. 2 M. 50 Pf.

No. 22. **Dänemark.** I. Interimistisches Gesetz vom 1. April 1905 betr. Änderungen der Strafgesetze (Prügelgesetz). II. Verordnung betr. Körperstrafe und Vollziehung. III. Bekanntmachung vom 6. September 1905 betr. die Durchführung der im interimistischen Gesetze vom 1. April enthaltenen Bestimmung, daß Gefängnisstrafe bei gewöhnlicher Kost mit Arbeitszwang verbunden ist. 60 Pf.

No. 23. **Strafgesetzbuch für das Kaiserlich japanische Reich** vom 23. April 1907. Übersetzt von Dr. jur. Shigema Oba, Kaiserlich japanischer Staatsanwalt. 1 M. 50 Pf.

No. 24. **Das neue russische Strafgesetzbuch** (Ugolovnoje Ulozenje). Allerhöchst bestätigt am 22. März 1903. Aus dem Russischen übersetzt von Dr. O. S. Bernstein. 4 M.

No. 25. **Oesterreichischer Gesetzentwurf,** betr. die strafrechtliche Behandlung und den strafrechtlichen Schutz Jugendlicher. 1907. 2 M. 50 Pf.

No. 26. **Spanisches Strafgesetzbuch.** Vom 17. Juni 1870. Übersetzt von Alfredo Hartwig. 3 M.

No. 27. **Neueste Englische Kriminalpolitik.**
1. Children Act, 1908.
2. Prevention of Crime Act, 1908.
3. Probation of Offenders Act, 1907. 2 M.

No. 28. Vorentwurf zu einem **Schweizerischen Strafgesetzbuch.** (April 1808.) 1 M. 50 Pf.

No. 29. Vorentwurf zu einem **Oesterreichischen Strafgesetzbuch.** September 1909.) 2 M.

No. 30. **Das Ungarische Strafgesetzbuch über Verbrechen und Vergehen** (v. Gesetz. Artikel vom Jahre 1878) mit allen Abänderungen und Ergänzungen einschließlich der Ungarischen Strafgesetznovelle (XXXVI. Gesetzartikel vom Jahre 1908 und den bis 1908 ergangenen strafrechtlichen Nebengesetzen. 2 M. 50 Pf.

No. 31. **Japanisches Militär-Strafgesetzbuch** vom 9. April 1908. Gesetzblatt No. 46. — **Japanische Militär-Strafgerichtsordnung** vom 19. Oktober 1898, Gesetzblatt No. 2. Übersetzt von Remosuke Fujisawa, Berlin-Schöneberg.

No. 32. **Vorentwurf zu einem Strafgesetzbuch für das Königreich Serbien.** Nach der amtlichen Ausgabe des Justizministeriums übersetzt und herausgegeben von Zivko Topalovits aus Belgrad und Hans Landsberg aus Berlin.

Druck von Leonhard Simion Nf. in Berlin SW. 48.

FSC
www.fsc.org
MIX
Papier | Fördert gute Waldnutzung
FSC® C083411

Kolibri 360 GmbH
Ferdinand-Jühlke-Straße 7
99095 Erfurt, Deutschland
produktsicherheit@kolibri360.de